mekdep - school   2
syýahat - travel   5
ulag - transport   8
şäher - city   10
landşaft - landscape   14
restoran - restaurant   17
supermarket - supermarket   20
içgiler - drinks   22
nahar - food   23
ferma - farm   27
öý - house   31
myhman otagy - living room   33
aşhana - kitchen   35
wanna otagy - bathroom   38
çaga otagy - child's room   42
egin-eşik - clothing   44
ofis - office   49
ykdysadyýet - economy   51
hünärler - occupations   53
gurallar - tools   56
saz gurallary - musical instruments   57
haýwanat bagy - zoo   59
sport - sports   62
hereket - activities   63
maşgala - family   67
ten - body   68
hassahana - hospital   72
gaýragoýulmasyz ýagdaý - emergency   76
zemin - Earth   77
sagat - clock   79
hepde - week   80
ýyl - year   81
görnüşler - shapes   83
reňkler - colours   84
garşylykly - opposites   85
sanlar - numbers   88
diller - languages   90
kim / näme / nähili - who / what / how   91
nirede - where   92

Impressum
Verlag: BABADADA GmbH, Nedderfeld 112 , 22529 Hamburg
Geschäftsführer / Verlagsleitung: Harald Hof
Druck: Books on Demand GmbH, In de Tarpen 42, 22848 Norderstedt

Imprint
Publisher: BABADADA GmbH, Nedderfeld 112 , 22529 Hamburg, Germany
Managing Director / Publishing direction: Harald Hof
Print: Books on Demand GmbH, In de Tarpen 42, 22848 Norderstedt

mekdep
school

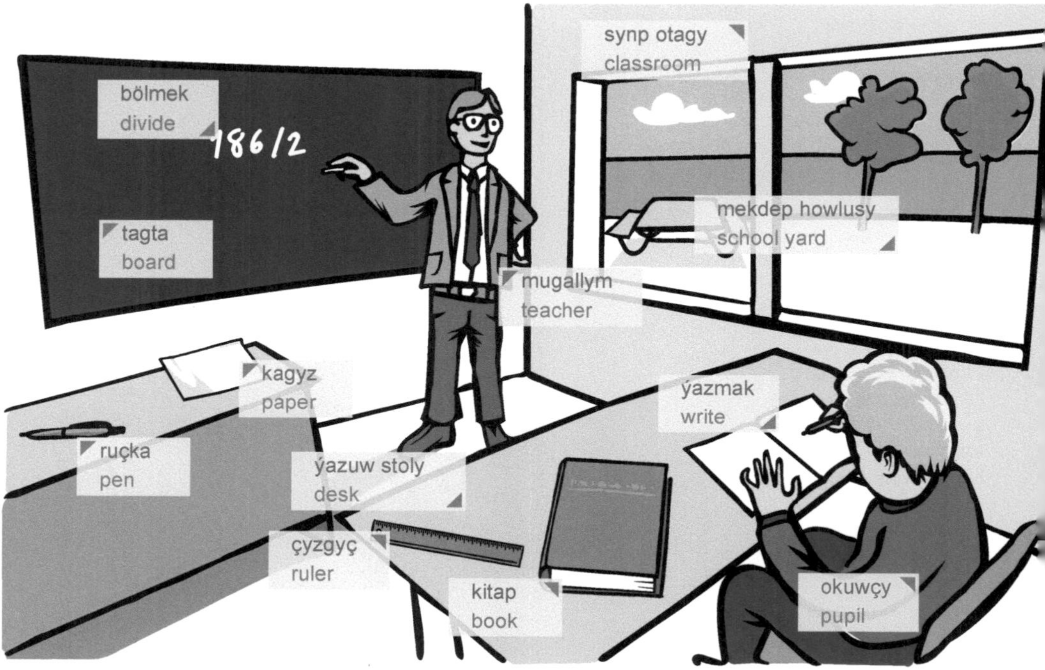
synp otagy
classroom
bölmek
divide
186/2
tagta
board
mekdep howlusy
school yard
mugallym
teacher
kagyz
paper
ýazmak
write
ruçka
pen
ýazuw stoly
desk
çyzgyç
ruler
kitap
book
okuwçy
pupil

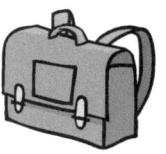

ranes

satchel

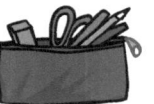

penal

pencil case

galam

pencil

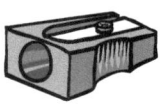

galam artylýan

pencil sharpener

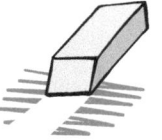

bozguç

rubber

surat çekmek üçin albom

drawing pad

surat

drawing

çotgajyk

paintbrush

reňkli guty

paint box

gaýçy

scissors

ýelim

glue

depder

exercise book

öý işi

homework

san

number

goşmak

add

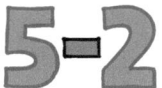

aýyrmak

subtract

köpeltmek

multiply

hasaplamak

calculate

harp

letter

elipbiý

alphabet

söz

word

tekst

text

okamak

read

hek

chalk

sapak

lesson

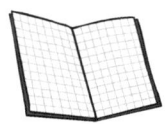

synp dergisi

register

synag

exam

diplom

certificate

mekdep lybasy

school uniform

bilim

education

ensiklopediýa

encyclopedia

uniwersitet

university

mikroskop

microscope

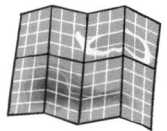

karta

map

kagyz üçin sebet

waste-paper basket

myhmanhana
hotel

Grand

syýahatçylyk bazasy
hostel

walýuta çalyşmak üçin bent
bureau de change

ECHANGE

çemedan
suitcase

awtomobil
car

dil
language

hawwa / ýok
yes / no

bolýa
Okay

salam
hello

terjimeçi
translator

Minnetdar
Thank you

bahasy näçe?

how much is…?

men düşünmeýärin

I do not understand

mesele

problem

Agşamyňyz haýyr!

Good evening!

Ertiriňiz haýyrly!

Good morning!

Gijäňiz rahat bolsun!

Good night!

görüşýänçäk

bye bye

ugur

direction

ýük

luggage

torba

bag

eginden asylýan torba

backpack

myhman

guest

otag

room

halta ýorgan

sleeping bag

çadyr

tent

syýahatçylyk maglumaty

tourist information

kenarýaka

beach

karz karty

credit card

ertirlik

breakfast

günortanlyk

lunch

agşamlyk

dinner

petek

ticket

lift

lift

poçta markasy

stamp

çäk

border

gümrük

customs

ilçihana

embassy

wiza

visa

pasport

passport

ulag

transport

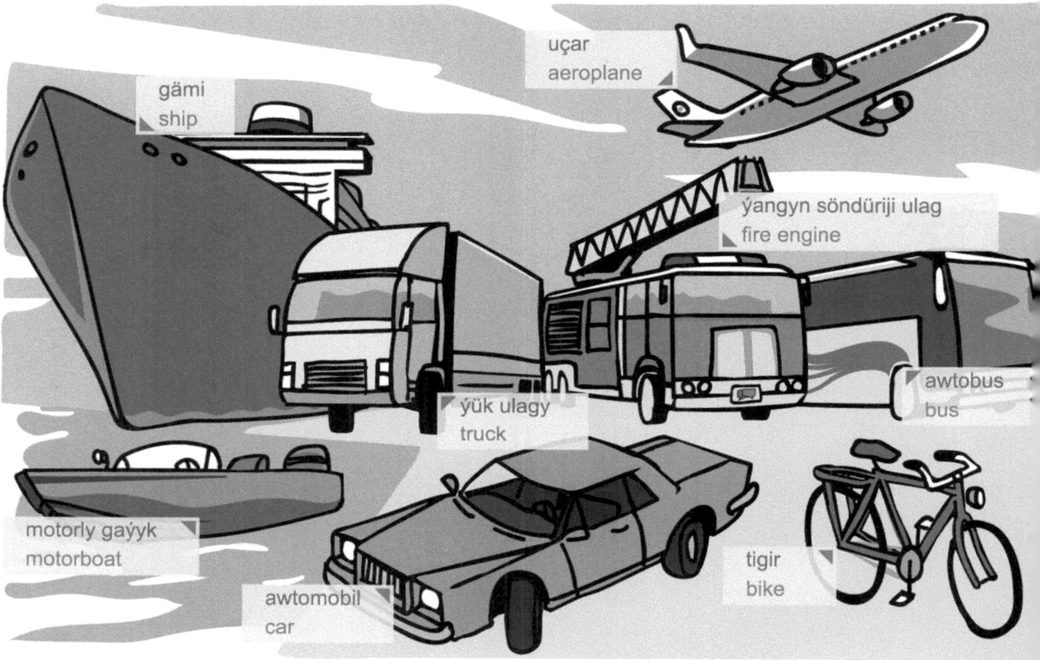
uçar
aeroplane
gämi
ship
ýangyn söndüriji ulag
fire engine
awtobus
bus
ýük ulagy
truck
motorly gaýyk
motorboat
tigir
bike
awtomobil
car

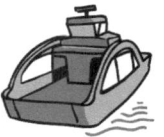

parom

ferry

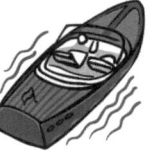

gaýyk

boat

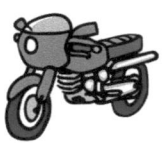

motosikl

motorbike

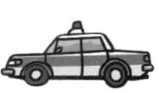

polisiýa ulagy

police car

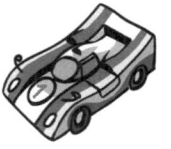

çapyşyk

racing car

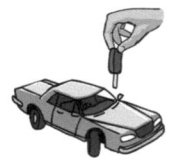

kärendä alnan ulga

rental car

ulagy bilelikde ulanmak

car sharing

tirkeg ulagy

breakdown truck

zir-zibil daşaýan ulag

refuse truck

hereketlendiriji

motor

ýangyç

fuel

guýma

petrol station

ýol belgisi

traffic sign

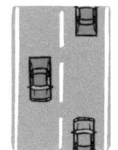

hereket

traffic

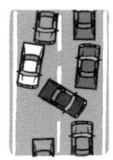

dyky

traffic jam

awtoduralga

car park

menzil

train station

seplem

tracks

otly

train

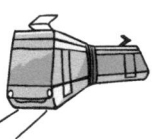

tramwaý

tram

wagon

carriage

dik uçar

helicopter

howa menzili

airport

minara

tower

ýolagçy

passenger

konteýner

container

guty

carton

araba

cart

sebet

basket

uçmak / gonmak

take off / land

şäher

city

oba

village

şäher merkezi

city centre

öý

house

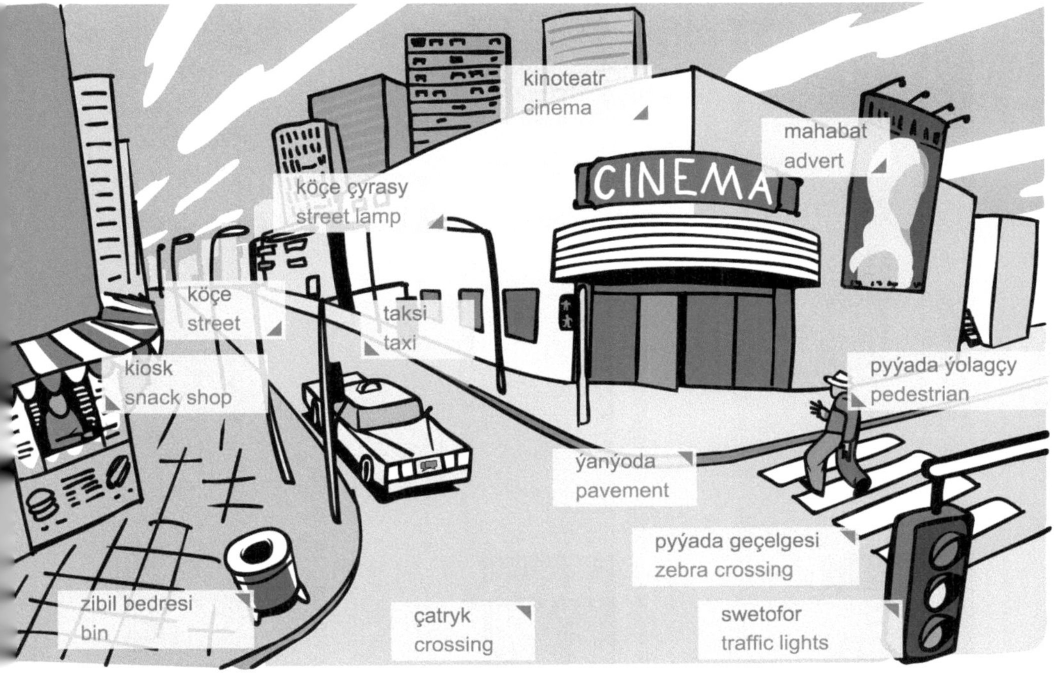

kinoteatr
cinema

mahabat
advert

köçe çyrasy
street lamp

köçe
street

taksi
taxi

pyýada ýolagçy
pedestrian

kiosk
snack shop

CINEMA

ýanýoda
pavement

pyýada geçelgesi
zebra crossing

zibil bedresi
bin

çatryk
crossing

swetofor
traffic lights

kepbe

hut

öý

flat

menzil

train station

şäher häkimligi

town hall

muzeý

museum

mekdep

school

uniwersitet

university

bank

bank

hassahana

hospital

myhmanhana

hotel

dermanhana

pharmacy

ofis

office

kitap dükany

book shop

dükan

shop

gül dükany

florist's

supermarket

supermarket

bazar

market

uniwermag

department store

balyk söwdagäri

fishmonger's

söwda merkezi

shopping centre

port

harbour

park

park

oturgyç

bench

köpri

bridge

merdiwan

stairs

metro

underground

ötük

tunnel

awtobus

bus stop

bar

bar

restoran

restaurant

poçta gutusy

postbox

köçäni adyny görkezýän ýazgy

street sign

parkometr

parking meter

haýwanat bagy

zoo

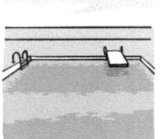

basseýn

swimming pool

metjit

mosque

ferma

farm

daşky gurşawyň
hapalanmagy

pollution

gonamçylyk

graveyard

buthana

church

çaga meýdançasy

playground

ybadathana

temple

landşaft
landscape

ýaprak
leaf

ýol görkeziji
signpost

ýol
way

ýaýla
meadow

daş
stone

syýahatçy
hiker

agaç
tree

derýa
river

ot
grass

gül
flower

dere
valley

dag
hill

köl
lake

tokaý
forest

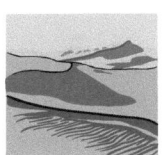

çöl
desert

wulkan
volcano

gulp
castle

älemgoşar
rainbow

kömelek
mushroom

palma agajy
palm tree

çybyn
mosquito

sinek
fly

garynja
ant

bal arysy
bee

möý
spider

tomzak

beetle

gurbaga

frog

awusiýdik

squirrel

kirpi

hedgehog

towşan

hare

baýguş

owl

guş

bird

guw

swan

ýekegapan

boar

sugun

deer

los

moose

bent

dam

şemal generatory

wind turbine

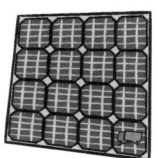

gün batareýasy

solar panel

howa

climate

restoran
restaurant

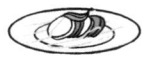

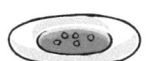

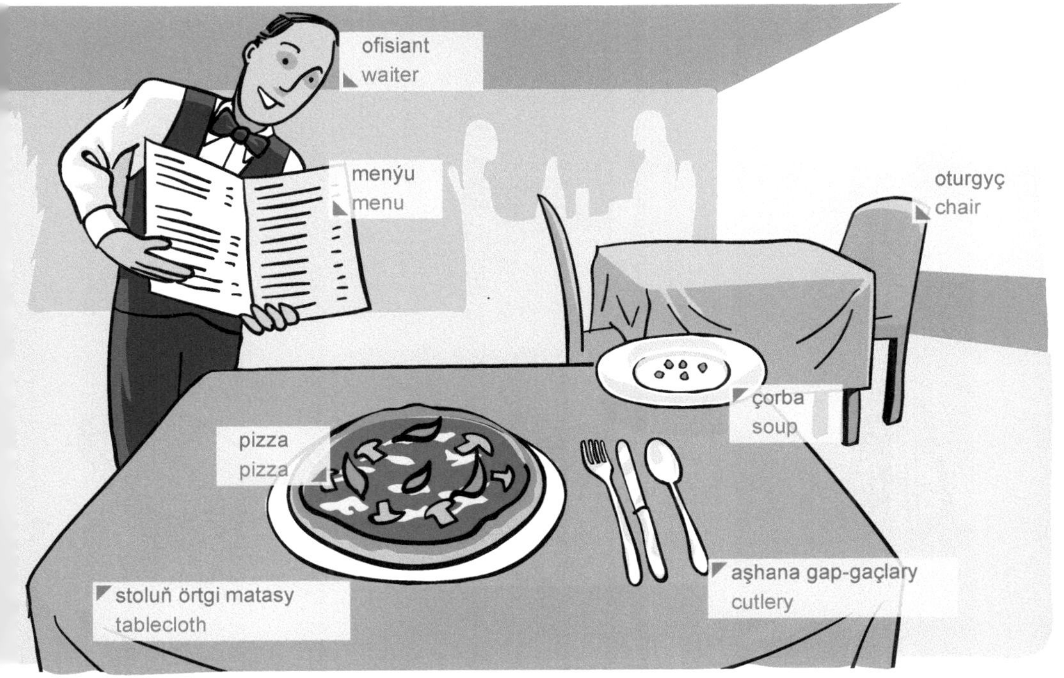

ofisiant
waiter
menýu
menu
oturgyç
chair
çorba
soup
pizza
pizza
aşhana gap-gaçlary
cutlery
stoluň örtgi matasy
tablecloth

garbanma
starter

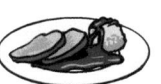

esasy tagam
main course

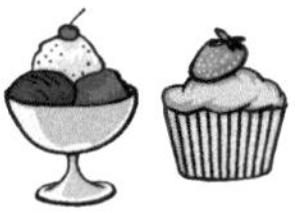

süýjülik
dessert

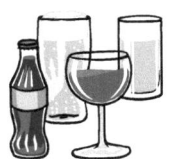

içgiler
drinks

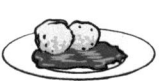

nahar
food

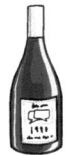

süýşe
bottle

tiz tagam

fast food

köçe iýmiti

street food

çäýnek, kitir

teapot

şeker gaby

sugar bowl

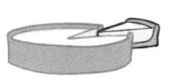

porsiýa

portion

kofe gaýnadyjy

espresso machine

çaga oturgyjy

high chair

hasap

bill

mejme

tray

pyçak

knife

çarşak

fork

çemçe

spoon

çaý çemçesi

teaspoon

salfetka

serviette

bulgur

glass

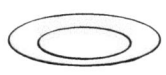

tarelka

plate

çorba tarelkasy

soup plate

tabajyk

saucer

sous

sauce

duz gaby

salt pot

burçy üweýji

pepper mill

sirke

vinegar

ýag

oil

huruş

spices

ketçup

ketchup

gorçisa

mustard

maýonez

mayonnaise

supermarket

supermarket

ýörite teklip
special offer
FOR
alyjy
customer
süýt önümleri
dairy
miweler
fruit
satyn alnan zatlar üçin araba
trolley

BUTCHERS

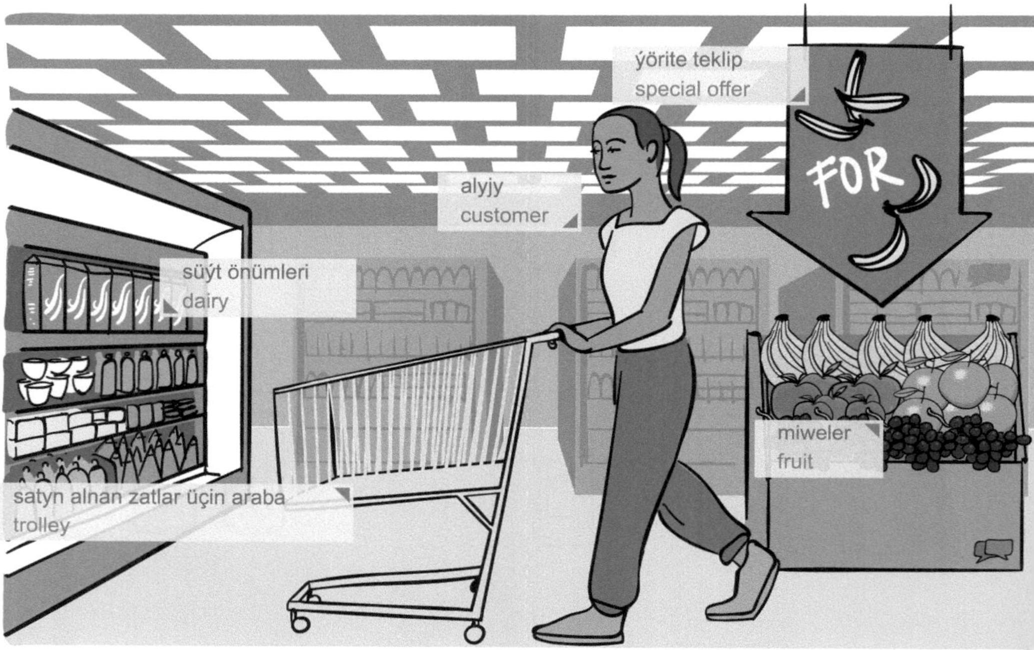

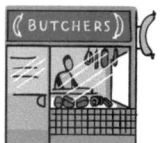

et dükany

butcher´s

BAKERY

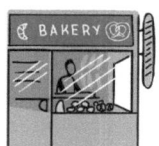

çörek kärhanasy

baker´s

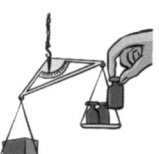

ölçemek

weigh

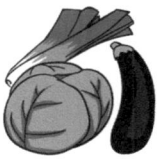

gök önümler

vegetables

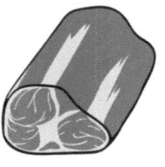

et

meat

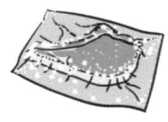

tiz doňýan önümler

frozen food

kesme

cold meat

konserwirlenen önümler

tinned food

kir ýuwujy toz

washing powder

süýjülikler

sweets

öýde ulanylýan zat

household products

ýuwujy serişde

cleaning products

satyjy aýal

salesperson

kassa

till

pulhanaçy

cashier

satyn alynmaly zatlar

shopping list

iş wagty

opening hours

gapjyk

wallet

karz karty

credit card

sumka

bag

polietilen paket

plastic bag

suw

water

şire

juice

süýt

milk

koka-kola

coke

wino

wine

piwo

beer

alkogol

alcohol

kakao

cocoa

çaý

tea

kofe

coffee

espresso

espresso

kapuçino

cappuccino

banan

banana

alma

apple

pyrtykal

orange

garpyz

melon

limon

lemon

käşir

carrot

sarymsak

garlic

bambuk

bamboo

sogan

onion

kömelek

mushroom

hoz

nuts

un aş

noodles

spagetti
spaghetti

tüwi
rice

işdäaçar
salad

gowurylan ýer alma
chips

gowurylan ýer alma
fried potatoes

pizza
pizza

gamburger
hamburger

sendwiç
sandwich

üweme
cutlet

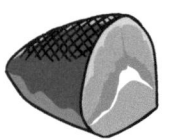

wetçina
ham

salýami
salami

şöhlat
sausage

towuk
chicken

gowrulyp taýýarlanýan nahar
roast

balyk
fish

süle patragy

porridge oats

mýusli

muesli

mekgejöwen patragy

cornflakes

un

flour

kruassan

croissant

bulka

bread roll

çörek

bread

tost

toast

köke

biscuits

ýag

butter

dorog

curd

pirog

cake

ýumurtga

egg

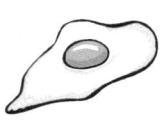

heýgenek

fried egg

peýnir

cheese

doňdurma

ice cream

şeker

sugar

bal

honey

marmelad

jam

nogully krem

chocolate spread

karri

curry

ferma
farm

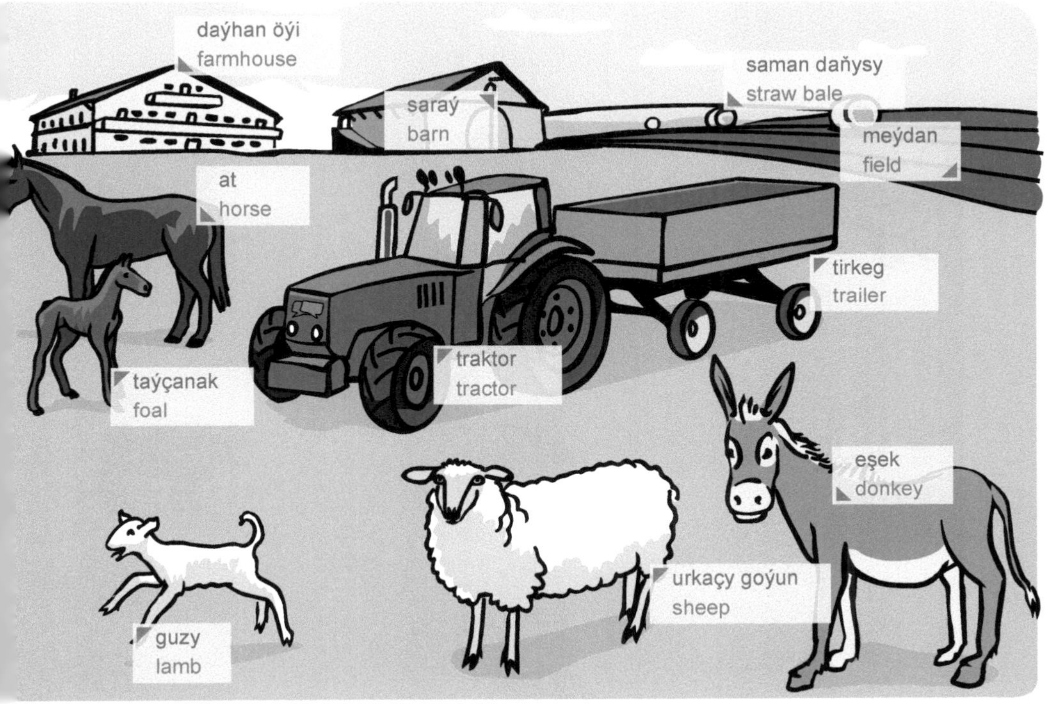

daýhan öýi
farmhouse
saman daňysy
straw bale
saraý
barn
meýdan
field
at
horse
tirkeg
trailer
traktor
tractor
taýçanak
foal
eşek
donkey
urkaçy goýun
sheep
guzy
lamb

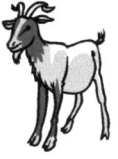

geçi
goat

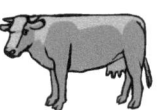

sygyr
cow

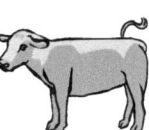

göle
calf

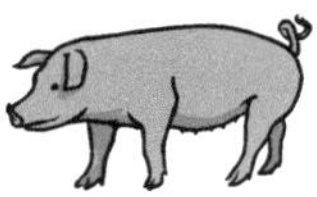
doňuz
pig

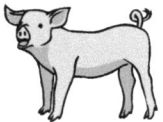

jojuk
piglet

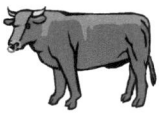

öküz
bull

gaz
goose

ördek
duck

jüÿje
chick

towuk
hen

horaz
cock

alaka
rat

pişik
cat

syçan
mouse

öküz
ox

it
dog

it ÿatagy
doghouse

bag şlangy
garden hose

guýgyç
watering can

orak
scythe

azal
plough

orak

sickle

kätmen

hoe

dökün çarşagy

pitchfork

palta

axe

galtak

wheelbarrow

kersen

trough

süÿt üçin tüññür

milk can

halta

sack

haÿat

fence

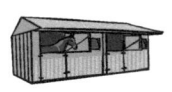

çörek

stable

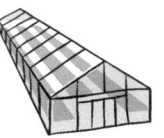

ÿyladyşhana

greenhouse

toprak

soil

ekin

seed

dökün

fertilizer

kombaÿn

combine harvester

hasyl ýygnamak

harvest

galla

harvest

ýams

yams

bugdaý

wheat

soýa

soy

ýeralma

potato

mekgejöwen

corn

raps

rapeseed

miwe agajy

fruit tree

manioka

cassava

däneli ösümlikler

cereals

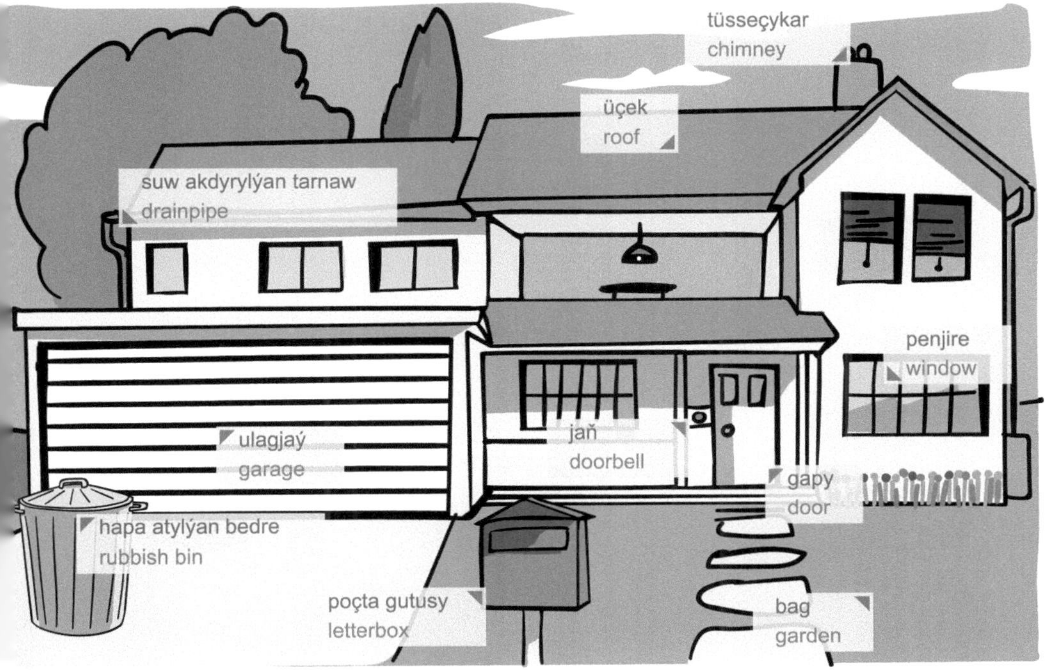

tüsseçykar
chimney

üçek
roof

suw akdyrylýan tarnaw
drainpipe

penjire
window

ulagjaý
garage

jaň
doorbell

gapy
door

hapa atylýan bedre
rubbish bin

poçta gutusy
letterbox

bag
garden

myhman otagy

living room

wanna otagy

bathroom

aşhana

kitchen

ýatalga otagy

bedroom

çaga otagy

child's room

naharhana

dining room

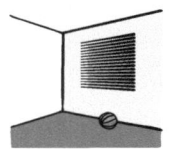

pol

floor

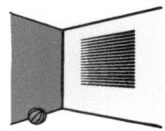

diwar

wall

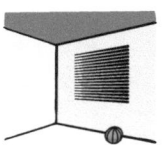

potolok

ceiling

ýerzemin

cellar

hamam

sauna

balkon

balcony

eýwan

terrace

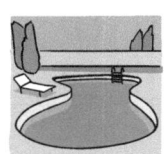

howdan

pool

gazon orujy

lawn mower

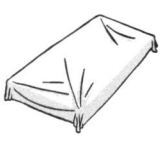

ýorgan daşlygy

sheet

örtgi

bedspread

ýatakça

bed

sübse

broom

bedre

bucket

öçüriji

switch

myhman otagy
living room

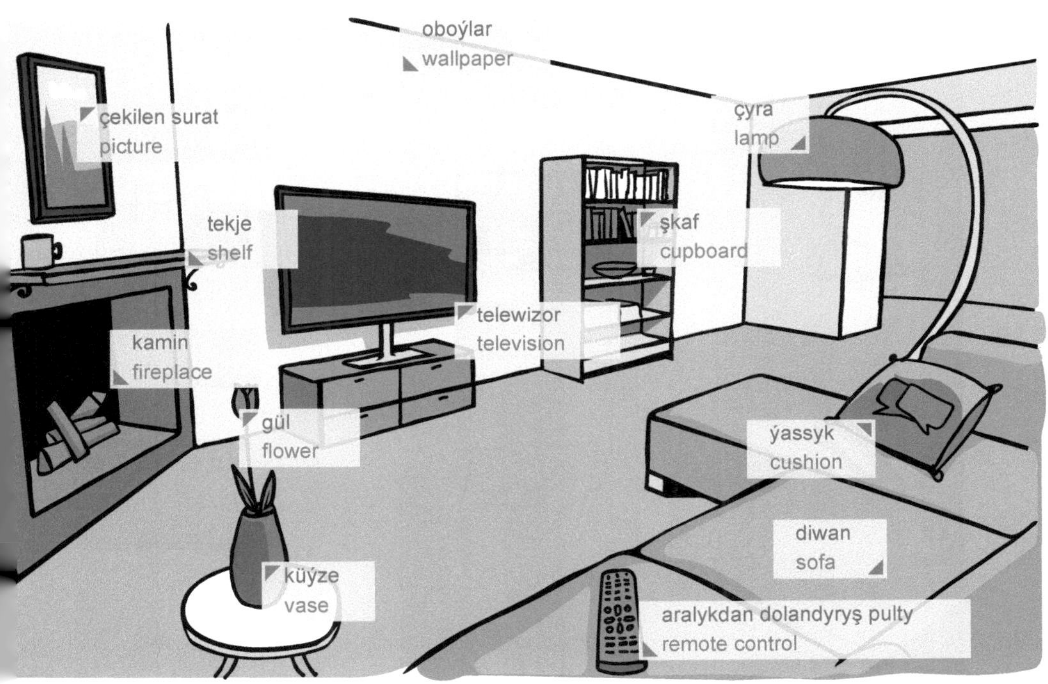
oboýlar
wallpaper
çekilen surat
picture
çyra
lamp
tekje
shelf
şkaf
cupboard
kamin
fireplace
telewizor
television
gül
flower
ýassyk
cushion
diwan
sofa
küýze
vase
aralykdan dolandyryş pulty
remote control

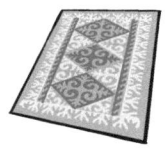

haly
carpet

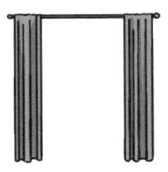

tuty
curtain

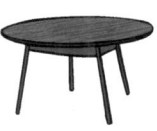

stol
table

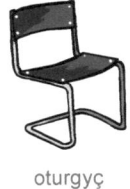

oturgyç
chair

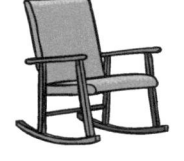

öňe-yza gaýdýan kürsi
rocking chair

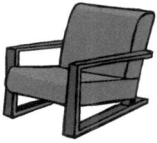

kürsi
armchair

kitap

book

örtgi

blanket

bezeg

decoration

odun

firewood

film

film

stereo ulgam

hi-fi equipment

açar

key

gazet

newspaper

surat

painting

ündewsurat

poster

radio

radio

bloknot

notepad

tozan sorujy

hoover

kaktus

cactus

şem

candle

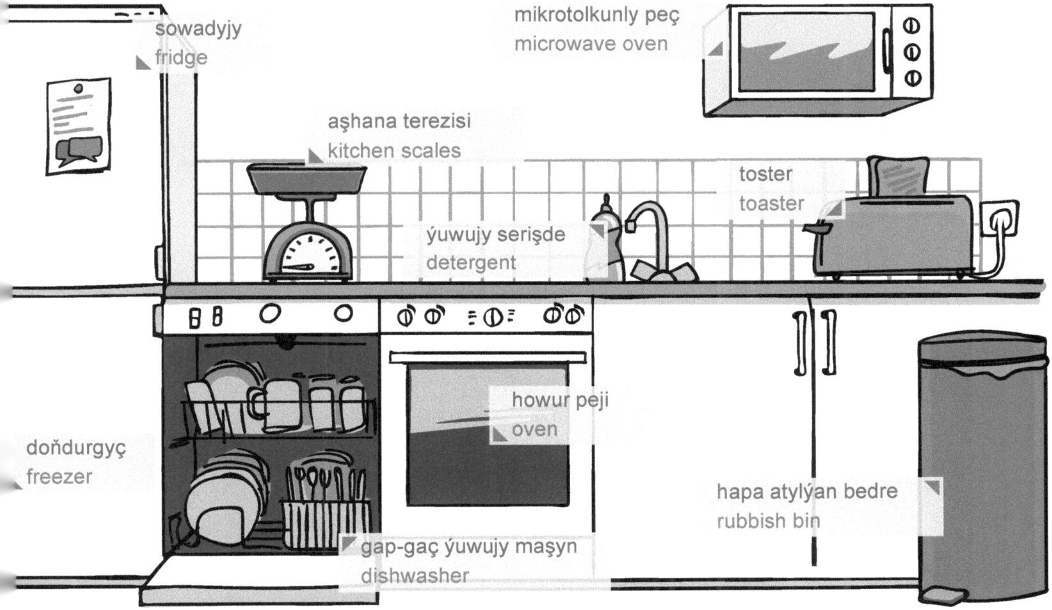

sowadyjy
fridge

mikrotolkunly peç
microwave oven

aşhana terezisi
kitchen scales

toster
toaster

ýuwujy serişde
detergent

doňdurgyç
freezer

howur peji
oven

hapa atylýan bedre
rubbish bin

gap-gaç ýuwujy maşyn
dishwasher

plita
cooker

piti
pot

çoýun gazany
cast-iron pot

wok / kadaý
wok / kadai

saç
pan

çäýnek, kitir
kettle

bugda bişiriji

steamer

protiwen

baking tray

gap-gaç

crockery

kürşge

mug

jam

bowl

nahar iýilýän taýajyklar

chopsticks

susak

ladle

piljagaz

spatula

ýaýylýan maşyn

whisk

elek

strainer

elek

sieve

gyrgyç

grater

soky

mortar

gril

barbecue

ot

open fire

tagta
....
chopping board

oklaw
....
rolling pin

ştopor
....
corkscrew

tüneke banka
....
can

konserwa pyçagy
....
can opener

tutguç
....
pot holder

rakowina
....
sink

çotga
....
brush

gubka
....
sponge

mikser
....
blender

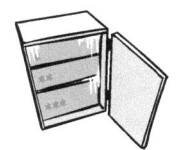

doňdurma kamerasy
....
deep freezer

çagany iýmitlendirmek üçin
çüýşejik
....
baby bottle

kran
....
tap

wanna otagy
bathroom

ýyladyş
heating
süpürgiç
towel
duş
shower
duş üçin tuty
shower curtain
köpürjikli wanna
bubble bath
wanna
bathtub
bulgur
glass
kir ýuwulýan maşyn
washing machine
kran
tap
plitka
tiles
küýze
potty
rakowina
sink

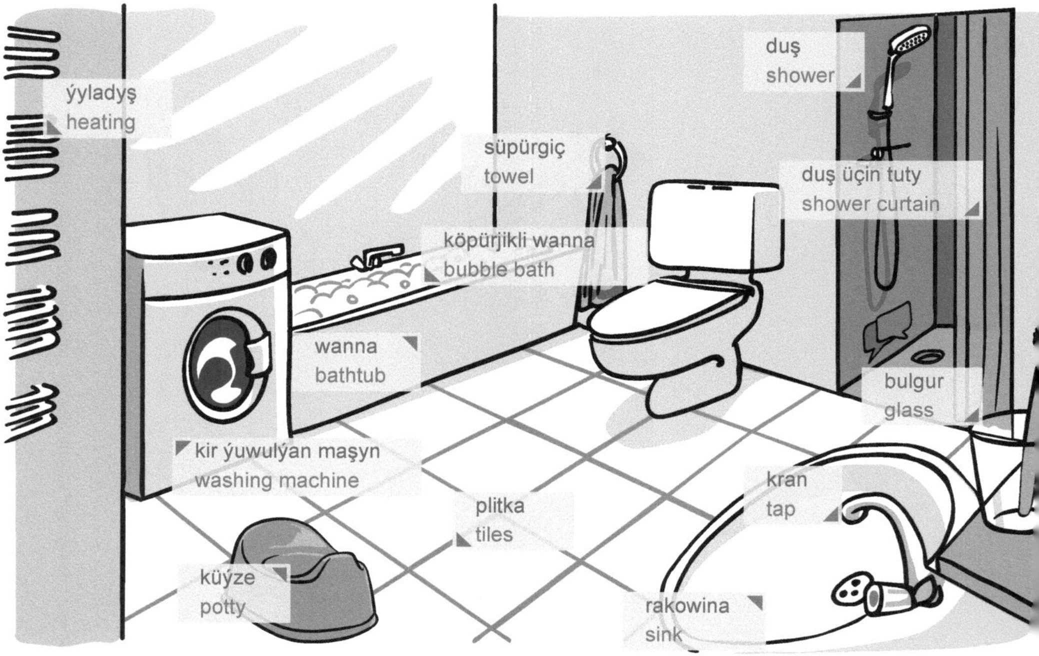

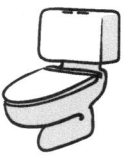

hajathana

toilet

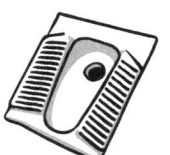

polda oturdylýan unitaz

squat toilet

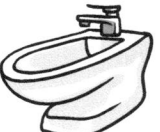

bide

bidet

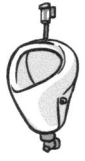

pissuar

urinal

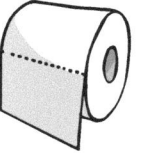

hajathana kagyzy

toilet paper

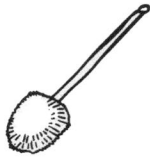

hajathana çotgasy

toilet brush

diş çotgasy

toothbrush

diş pastasy

toothpaste

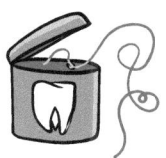

diş sapagy

dental floss

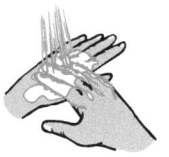

ýuwmak

wash

el duşy

handheld shower

şahsy duş

douche

legen

basin

arka üçin çotga

back brush

sabyn

soap

duş üçin gel

shower gel

şampun

shampoo

moçalka

flannel

akyş

drain

krem

cream

dezodorant

deodorant

aýna

mirror

el aýnasy

hand mirror

päki

razor

sakgal syrmak üçin köpürjik

shaving foam

sakgal syrylanyndan soňky
losýon

aftershave

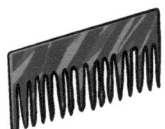

darak

comb

çotga

brush

fen

hair dryer

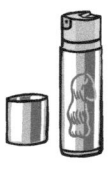

saç üçin lak

hairspray

kosmetika

makeup

dodaga çalynýan reňk

lipstick

dyrnaga çalynýan reňk

nail varnish

pamyk

cotton wool

manikýur gaýçysy

nail scissors

atyr

perfume

kosmetika üçin gutujyk

washbag

oturgyç

stool

terezi

weighing scale

halat

bathrobe

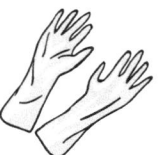

rezin ellik

rubber gloves

tampon

tampon

gigiýena prokladkasy

sanitary towel

biohajathana

chemical toilet

çaga otagy

child's room

oýaryjy
alarm clock
ýumşak oýnawaç
cuddly toy
oýnawaç awtoulag
toy car
şakyrdawukly oýnawaç
rattle
gurjak öýi
doll's house
sowgat
present

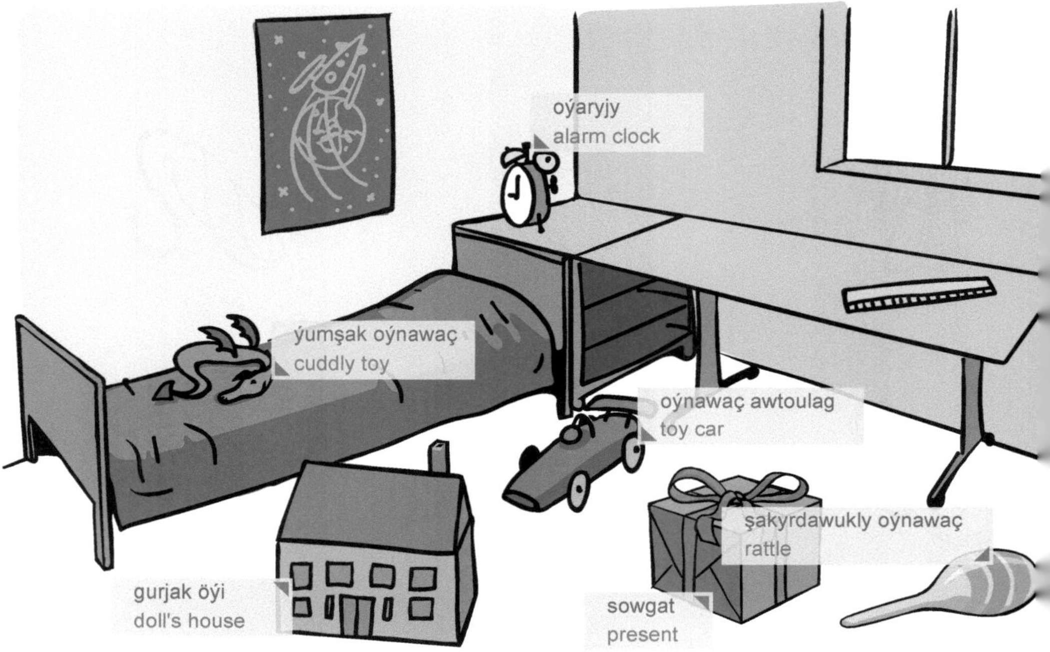

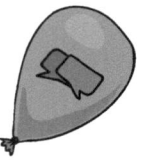

howaly şar

balloon

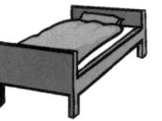

ýatakça

bed

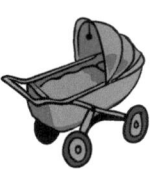

çaga arabasy

pram

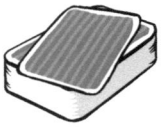

kart oýny

deck of cards

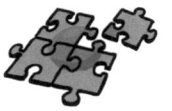

pazl

jigsaw

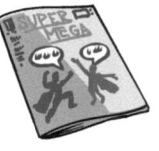

komiks

comic

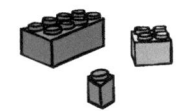

Lego kerpiçleri

lego bricks

kubikler

building blocks

oýnawaç şekil

action figure

agalar üçin joraply balak

babygrow

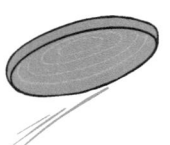

frisbi

frisbee

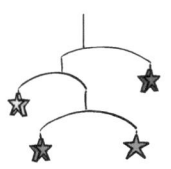

mobile

mobile

stolüsti oýun

board game

kubik

dice

demir ýolunyň modeli

model train set

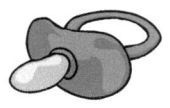

soska

dummy

şagalaň

party

şekilli kitap

picture book

top

ball

gurjak

doll

oýnamak

play

çäge aýmança

sandpit

hiňňildik

swing

oýnawaç

toys

oýun pristawkasy

video game console

üç tigirli welosiped

tricycle

plýuşadan aýyjyk

teddy bear

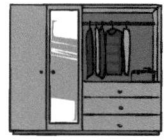

egin-eşik üçin şkaf

wardrobe

egin-eşik
clothing

jorap

socks

çulki

stockings

kolgotka

tights

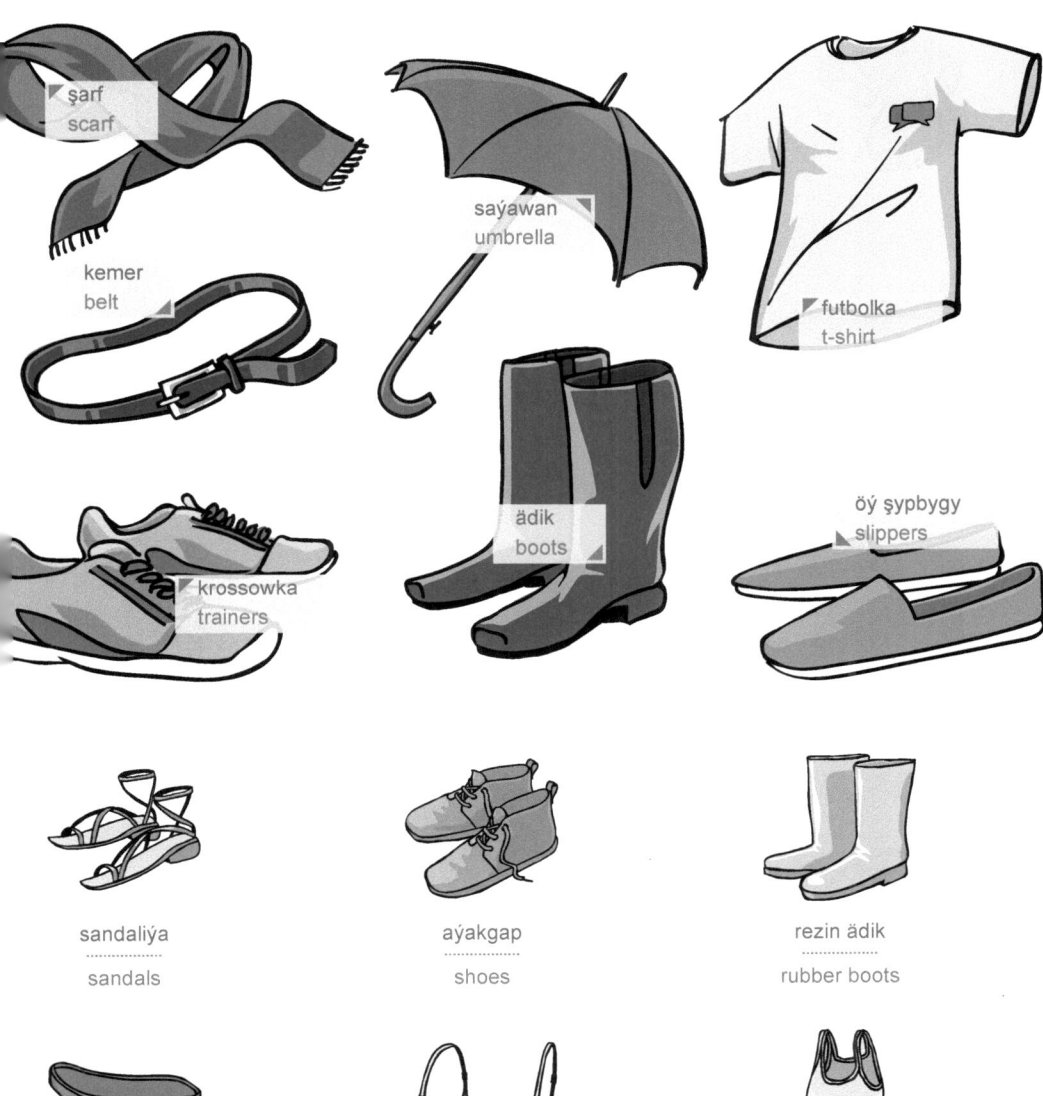

şarf
scarf

saýawan
umbrella

futbolka
t-shirt

kemer
belt

ädik
boots

öý şypbygy
slippers

krossowka
trainers

sandaliýa
sandals

aýakgap
shoes

rezin ädik
rubber boots

türsük
underpants

göwüslik
bra

maýka
vest

bodi
body

jalbar
trousers

jins
jeans

ýubka
skirt

bluzka
blouse

köýnek
shirt

switer
pullover

switer
hoodie

sport keltekçesi
blazer

žaket
jacket

palto
coat

plaş
raincoat

kostýum
costume

köýnek
dress

toý köýnegi
wedding dress

erkek üçin kostýum

suit

ýatyş köýnegi

nightgown

pižama

pyjamas

sari

sari

ýaglyk

headscarf

selle

turban

perenji

burqa

kaftan

kaftan

abaýa

abaya

uwa düşmek üçin lybas

swimsuit

plawki

trunks

şorty

shorts

sport lybasy

tracksuit

öňlük

apron

ellik

gloves

ilik

button

äýnek

glasses

bilezik

bracelet

zynjyr

necklace

ýüzük

ring

syrga

earring

papak

cap

geýim asgyç

coat hanger

şlýapa

hat

galstuk

tie

syrma

zip

şlem

helmet

egnaşyr kemer

braces

mekdep lybasy

school uniform

lybas

uniform

çaga döşlügi
bib

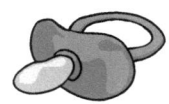

soska
dummy

arlyk
nappy

serwer
server

kanselýariýa şkafy
filing cabinet

printer
printer

kagyz
paper

monitor
monitor

ýazuw stoly
desk

syçanjyk
mouse

papka
folder

klawiatura
keyboard

kagyz üçin sebet
waste-paper basket

kompýuter
computer

oturgyç
chair

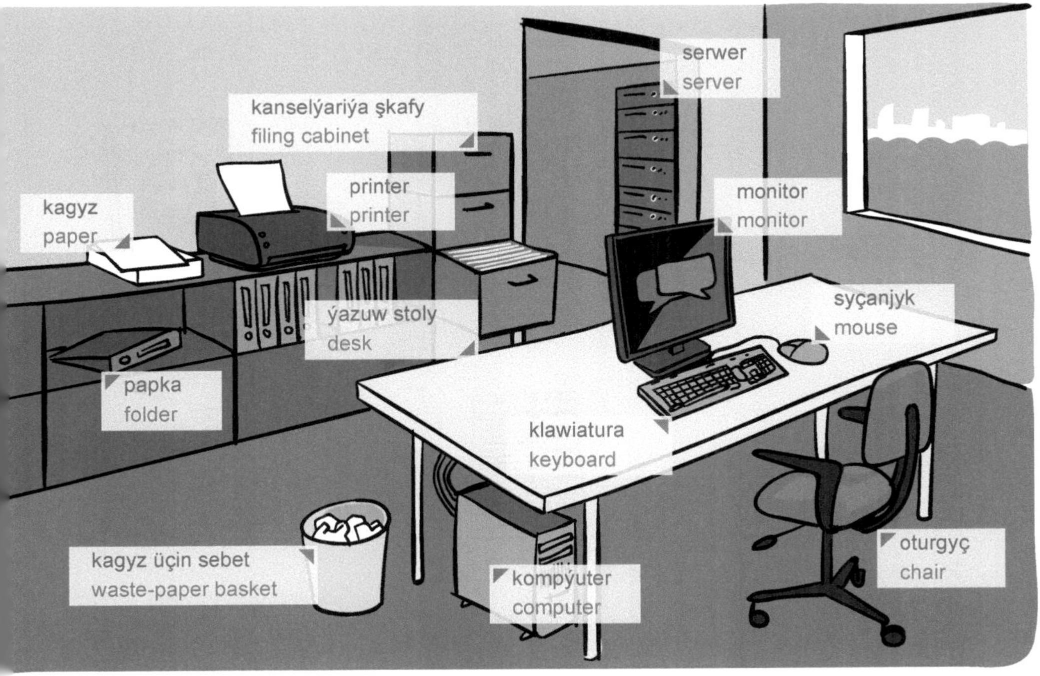

kofe kružkasy
coffee mug

kalkulýator
calculator

internet
internet

ofis - office

49

noutbuk

laptop

hat

letter

habar

message

öýjükli telefon

mobile

tor

network

kseroks

photocopier

programma

software

telefon

telephone

rozetka

plug socket

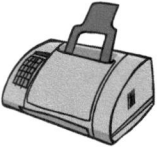

faks

fax machine

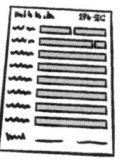

formulýar

form

resminama

document

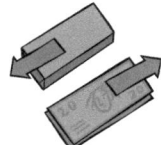

satyn almak

buy

tölemek

pay

söwda etmek

trade

pul

money

dollar

dollar

ýewro

euro

iena

yen

rubl

rouble

frank

Swiss franc

ženminbi ýuan

renminbi yuan

rupiýa

rupee

bankomat

cashpoint

walýuta çalyşmak üçin bent

bureau de change

altyn

gold

kümüş

silver

nebit

oil

energiýa

energy

baha

price

şertnama

contract

salgyt

tax

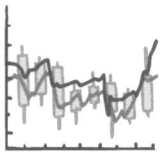

paýnama

stock

işlemek

work

gullukçy

employee

iş beriji

employer

fabrik

factory

dükan

shop

hünärler
occupations

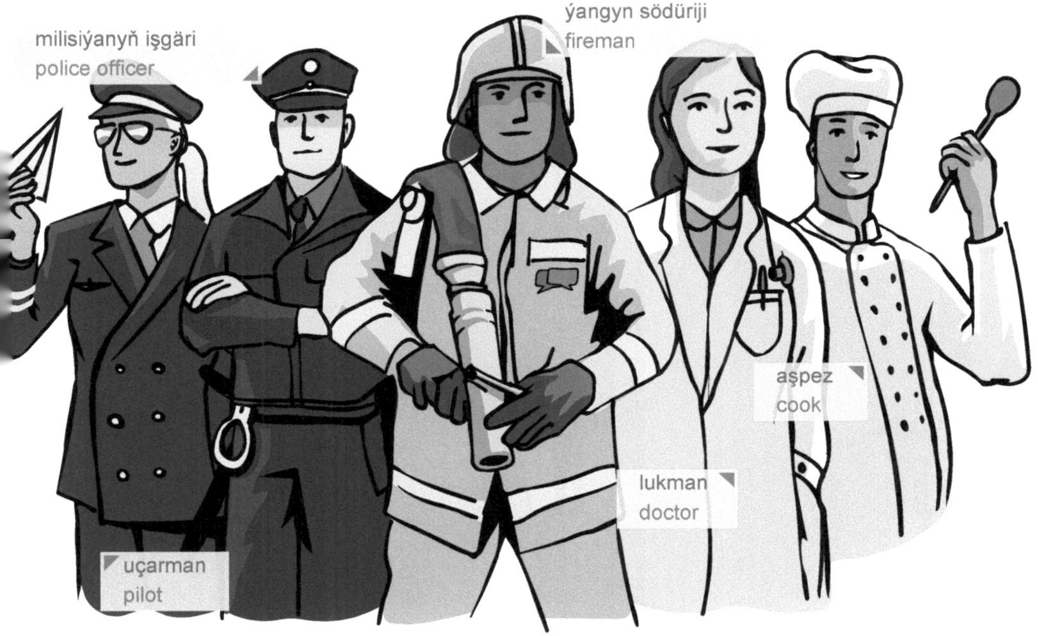
milisiýanyň işgäri
police officer
ýangyn södüriji
fireman
aşpez
cook
lukman
doctor
uçarman
pilot

bagban
gardener

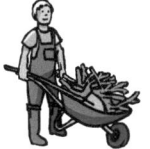

agaç ussasy
carpenter

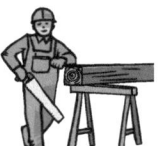

tikinçi
seamstress

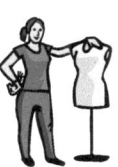

kazy
judge

himik
chemist

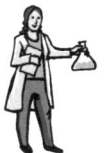

aktýor
actor

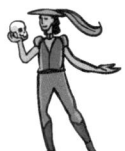

awtobus sürüjisi

bus driver

taksiçi

taxi driver

balykçy

fisherman

tam süpüriji

cleaning lady

üçek basyrýan ussa

roofer

ofisiant

waiter

awçy

hunter

suratçy

painter

çörekçi

baker

elektrik

electrician

gurluşykçy

builder

inžener

engineer

gassap

butcher

santehnik

plumber

hatçy

postman

esger
soldier

binagär
architect

pulhanaçy
cashier

floraçy
florist

dellekçi
hairdresser

konduktor
conductor

mehanik
mechanic

kapitan
captain

diş lukmany
dentist

alym
scientist

rawwin
rabbi

imam
imam

monah
monk

ruhany
clergyman

çekiç
hammer

ýasy agyzly atagzy
pliers

otwýortka
screwdriver

gaýka açary
spanner

jübü çyrasy
torch

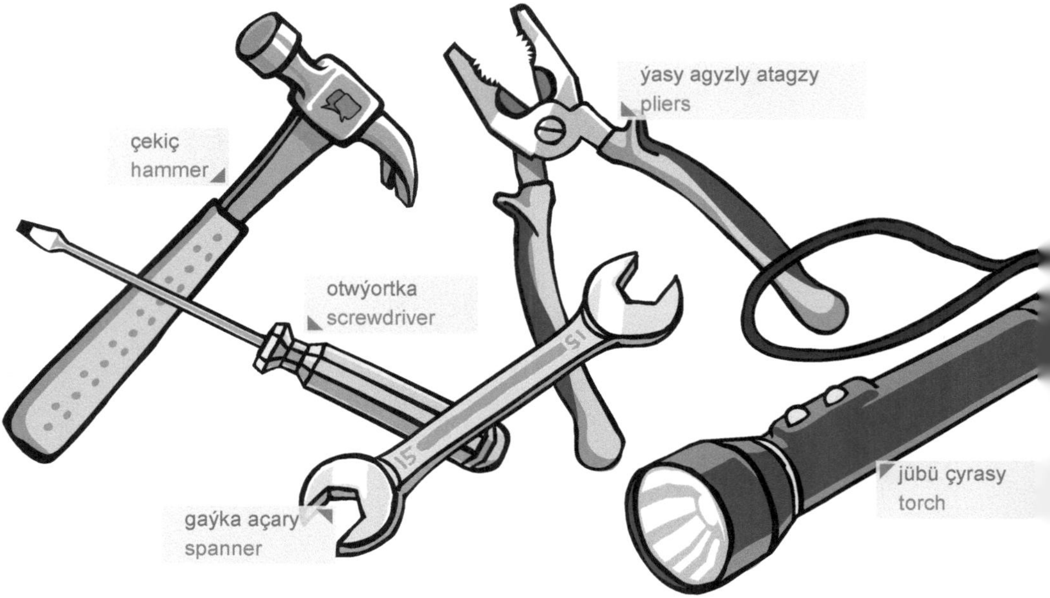

ekskawator
digger

gurallar üçin gap
toolbox

merdiwan
ladder

byçgy
saw

çüýler
nails

drel
drill

gurallar - tools

abatlamak

repair

pil

shovel

Bolmandyr!

Damn!

susguç

dustpan

boýagly bedre

paint pot

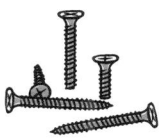

nurbatlar

screws

saz gurallary

musical instruments

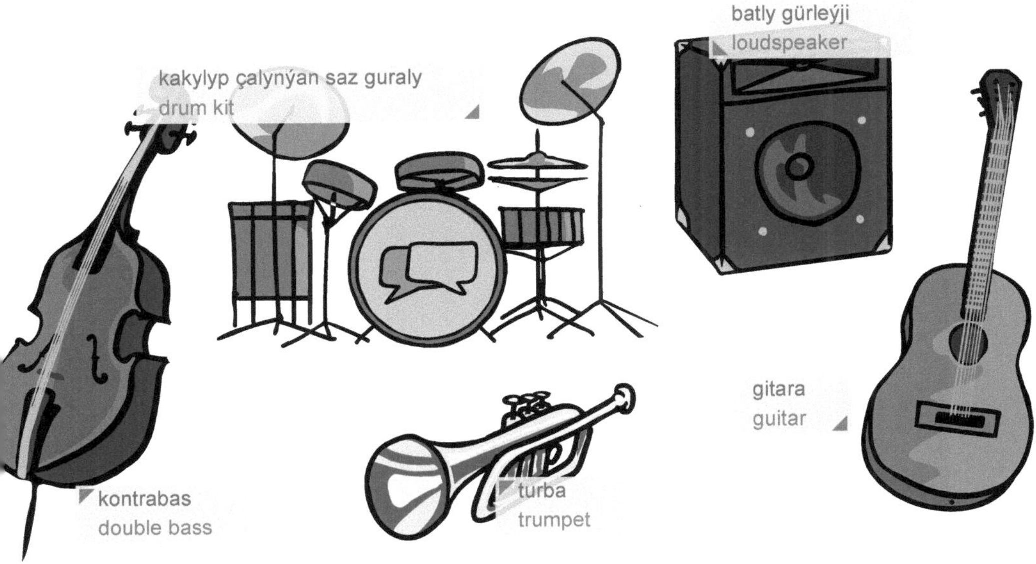

batly gürleýji
loudspeaker

kakylyp çalynýan saz guraly
drum kit

gitara
guitar

kontrabas
double bass

turba
trumpet

pianino

piano

skripka

violin

bas-gitara

bass

nagara

timpani

deprek

drums

sintezator

keyboard

saksafon

saxophone

fleýta

flute

mikrofon

microphone

haýwanat bagy

zoo

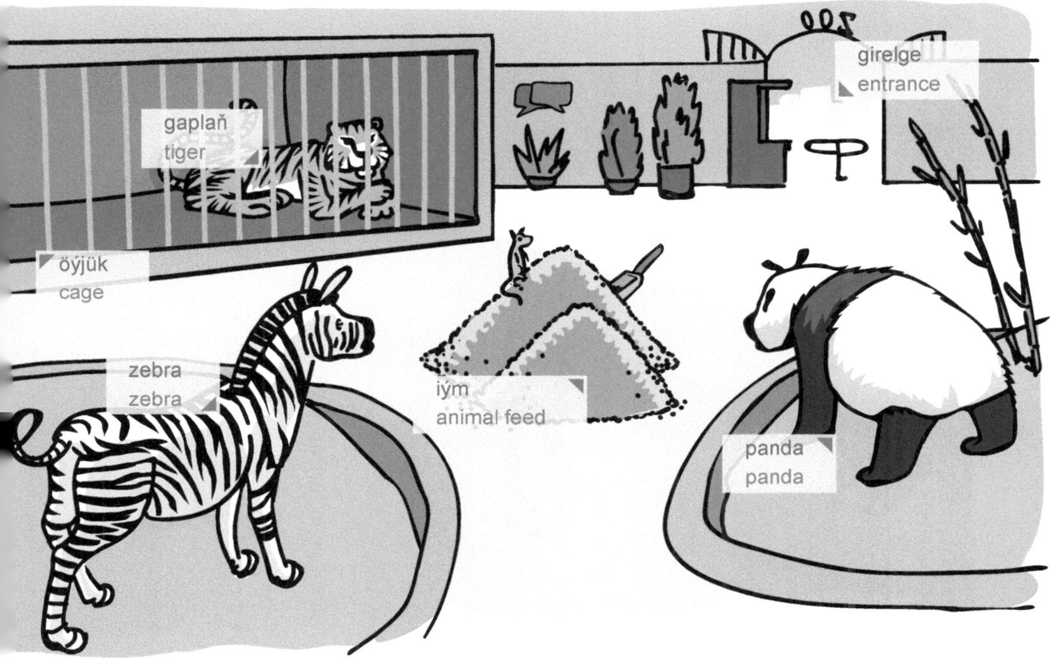

gaplaň
tiger
girelge
entrance
öýjük
cage
zebra
zebra
iým
animal feed
panda
panda

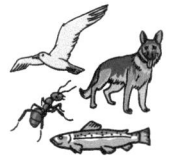

haýwanlar

animals

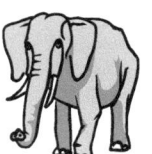

pil

elephant

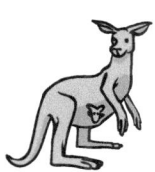

kenguru

kangaroo

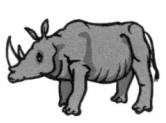

nosorog

rhino

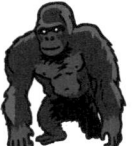

gorilla

gorilla

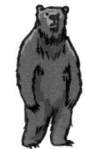

aýy

bear

düýe

camel

düýeguş

ostrich

ýolbars

lion

maýmyn

monkey

gyzylinjik

flamingo

hindiguş

parrot

ak aýy

polar bear

pingwin

penguin

akula

shark

tawus

peacock

ýylan

snake

krokodil

crocodile

haýwanat bagynyň
gullukçysy

zookeeper

düwlen

seal

ýaguar

jaguar

poni

pony

gaplaň

leopard

begemot

hippo

žiraf

giraffe

bürgüt

eagle

ýekegapan

boar

balyk

fish

pyşbaga

turtle

suwpişik

walrus

tilki

fox

jeren

gazelle

sport

sports

amerikan
American football

tigir sürmek
cycling

tennis
tennis

basketbol
basketball

ýüzme
swimming

boks
boxing

hokkeý
ice hockey

futbol
football

badminton
badminton

ýeňil atletika
athletics

gandbol
handball

lyža sporty
skiing

polo
polo

hereket
activities

gülmek
laugh
bökmek
jump
gujaklamak
hug
gitmek
walk
aýdym aýtmak
sing
arzuw etmek
dream
dilemek
pray
öpmek
kiss

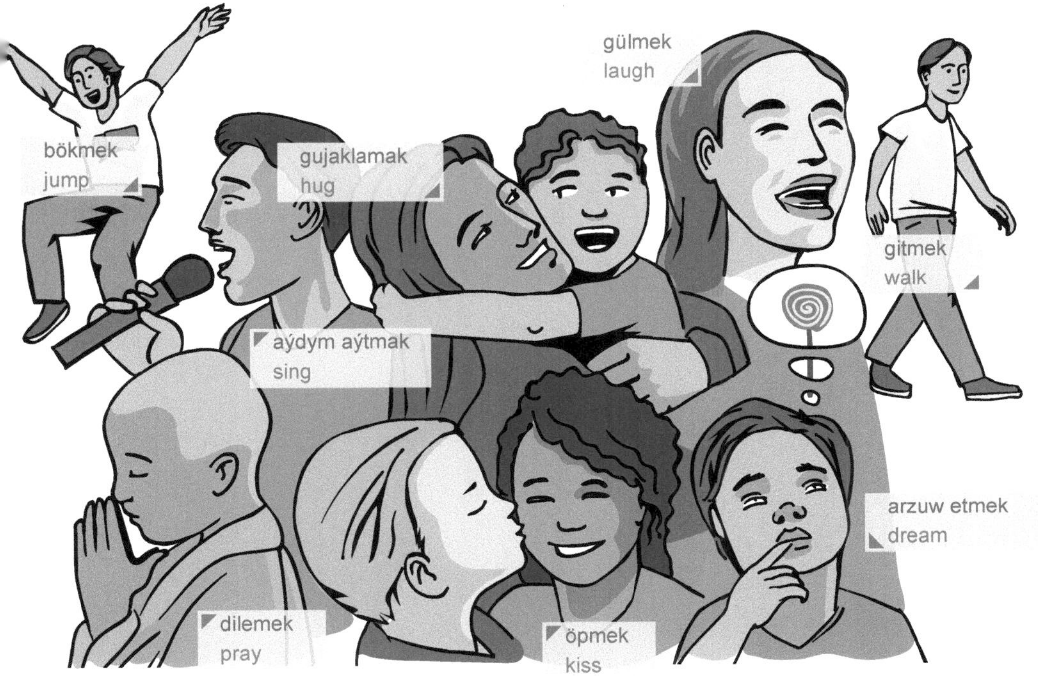

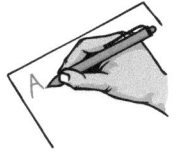

ýazmak
write

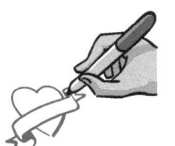

surat çekmek
draw

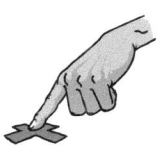

görkezmek
show

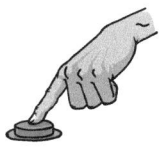

basmak
push

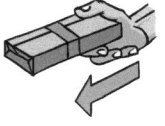

bermek
give

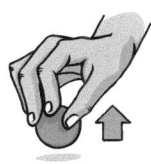

almak
take

eýe bolmak

have

etmek

do

bolmak

be

durmak

stand

ylgamak

run

çekmek

pull

taşlamak

throw

gaçmak

fall

ýatmak

lie

garaşmak

wait

götermek

carry

oturmak

sit

geýmek

get dressed

ýatmak

sleep

oýanmak

wake up

görmek

look at

aglamak

cry

sypalamak

stroke

daramak

comb

gürlemek

talk

düşünmek

understand

soramak

ask

diňlemek

listen

içmek

drink

iýmek

eat

tertipleşdirmek

tidy up

söýmek

love

taýýarlmak

cook

gitmek

drive

uçmak

fly

hereket - activities

ýelkeni ýaýyp gitmek

sail

hasaplamak

calculate

okamak

read

okamak

learn

işlemek

work

nikalaşmak

marry

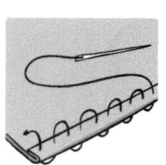

dikmek

sew

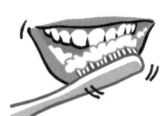

dişiňi arassalamak

brush teeth

öldürmek

kill

çilim çekmek

smoke

ugratmak

send

maşgala
family

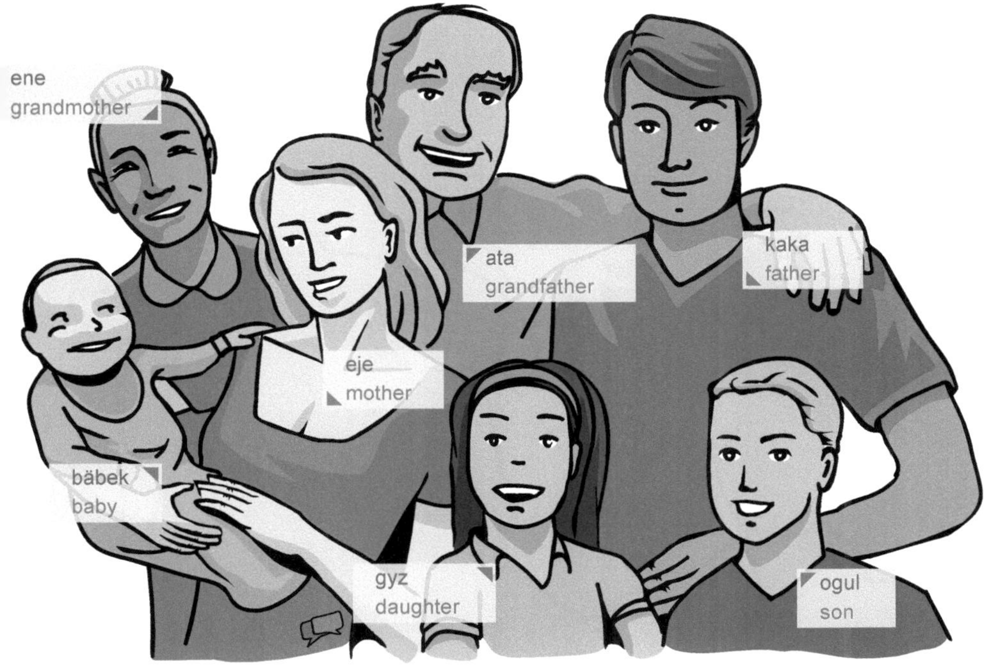

ene
grandmother
ata
grandfather
kaka
father
eje
mother
bäbek
baby
gyz
daughter
ogul
son

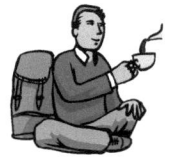

myhman

guest

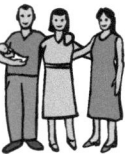

daýza

aunt

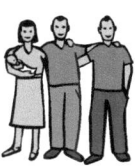

daýy

uncle

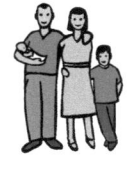

aga

brother

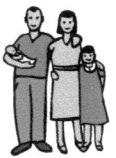

uýa

sister

ten

body

maňlaý
forehead
göz
eye
egin
shoulder
barmak
finger
ýüz
face
äň
chin
penje
hand
aýak
leg
döş
breast
el
arm

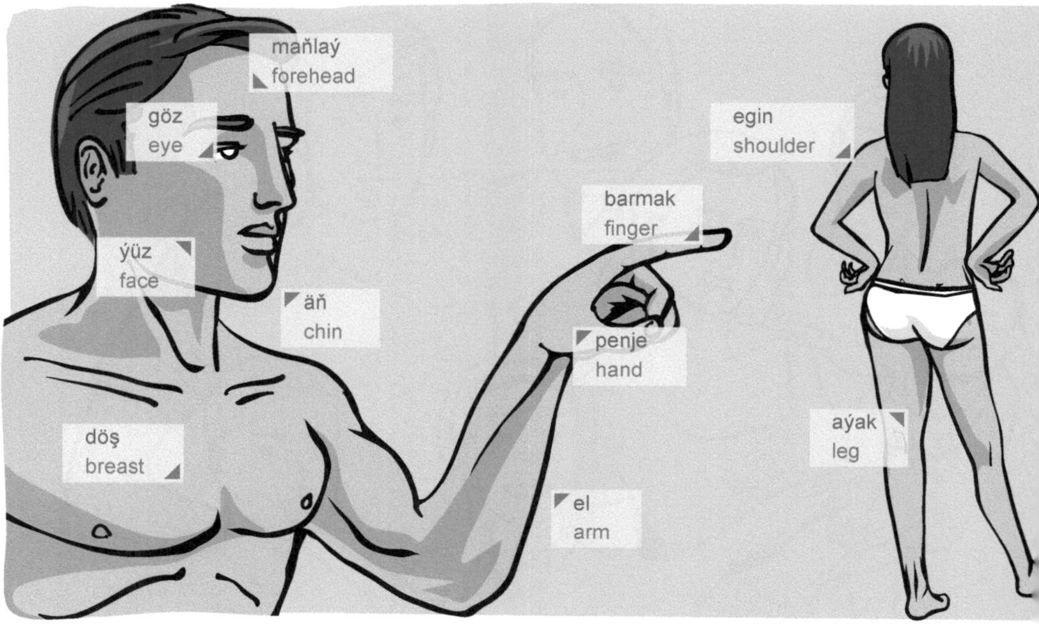

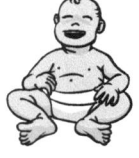

bäbek

baby

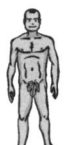

erkek

man

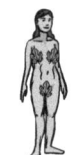

aýal

woman

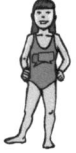

gyz

girl

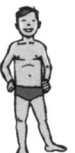

oglan

boy

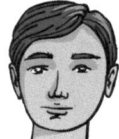

kelle

head

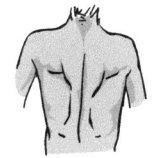

arka

back

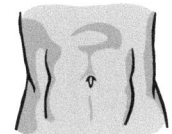

garyn

belly

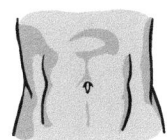

göbek

belly button

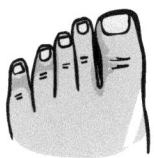

aýak barmagy

toe

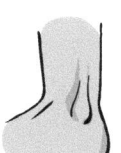

ökje

heel

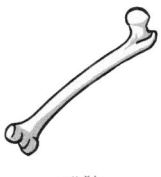

süňk

bone

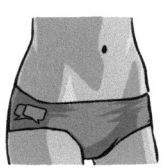

but

hip

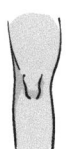

dyz

knee

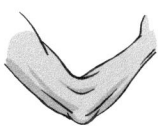

tirsek

elbow

burun

nose

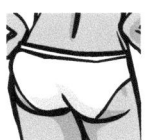

ýanbaş

bottom

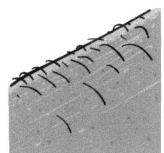

deri

skin

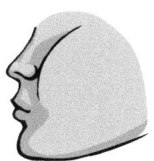

ýaňak

cheek

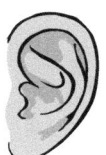

gulak

ear

dodak

lip

agyz

mouth

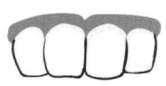

diş

tooth

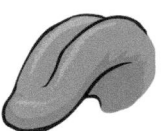

dil

tongue

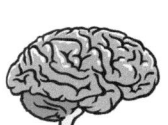

beýni

brain

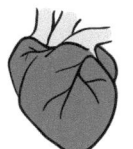

ýürek

heart

myşsa

muscle

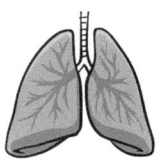

öýken

lung

bagyr

liver

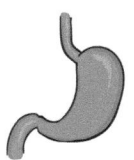

aşgazan

stomach

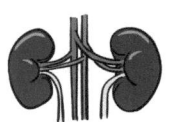

böwrek

kidneys

jyns ýakynlygy

sex

prezerwatiw

condom

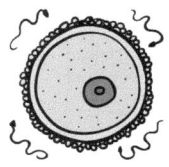

erkeklik jyns öýjügi

ovum

tohumlyk

semen

göwrelilik

pregnancy

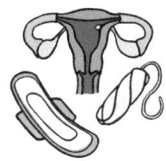

bil açylma

menstruation

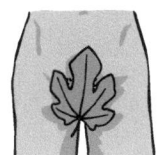

wagina

vagina

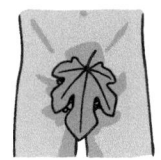

erkek jyns agzasy

penis

gaş

eyebrow

saç

hair

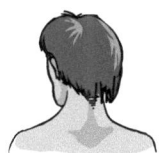

boýun

neck

hassahana
hospital

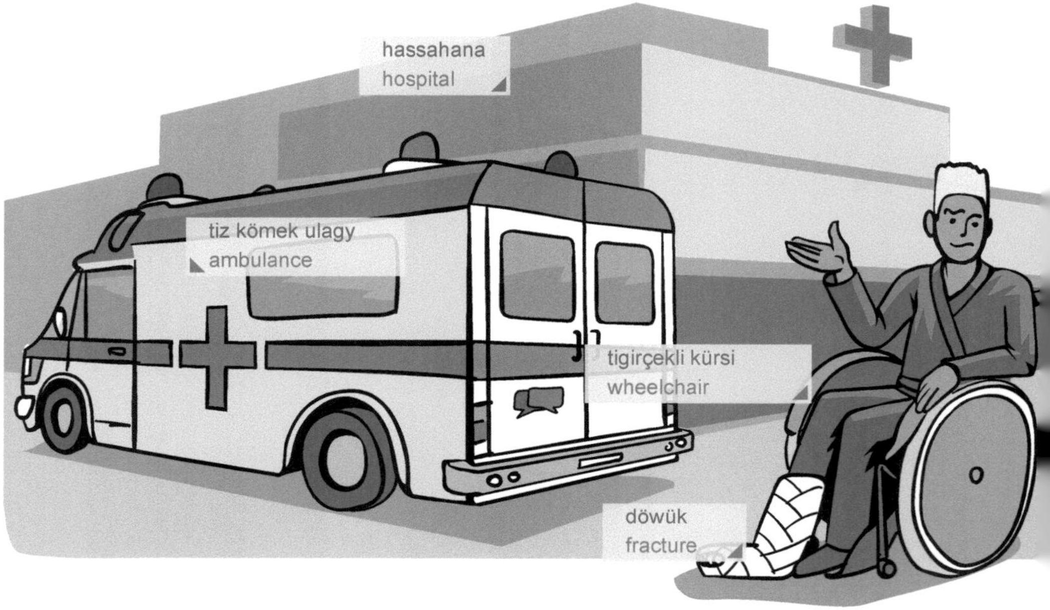

hassahana
hospital
tiz kömek ulagy
ambulance
tigirçekli kürsi
wheelchair
döwük
fracture

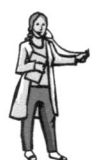

lukman

doctor

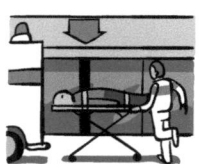

ilkinji kömek nokady

emergency room

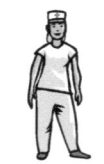

şepagat uýasy

nurse

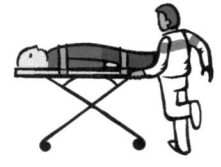

gaýragoýulmasyz ýagdaý

emergency

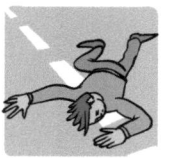

özüni bilmän

unconscious

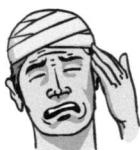

agyry

pain

zeper ýetme

injury

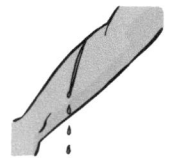

gan akmasy

bleeding

infarkt

heart attack

insult

stroke

allergiýa

allergy

üsgülik

cough

ýokarlanan temperatura

fever

dümew

flu

içgeçme

diarrhoea

kelle agyrysy

headache

rak

cancer

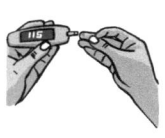

diabet

diabetes

hirurg

surgeon

skalpel

scalpel

operasiýa

operation

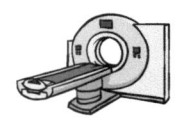

iýmit siňdirýän ortlaryň jemi

CT

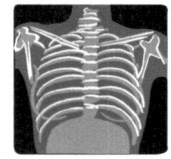

rentgen

x-ray

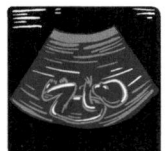

ultrases

ultrasound

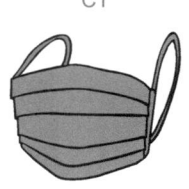

maska

face mask

kesel

disease

kabulhana

waiting room

pişek

crutch

plastyr

plaster

bint

bandage

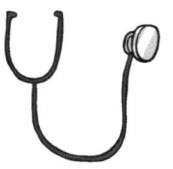

sanjym

injection

stetoskop

stethoscope

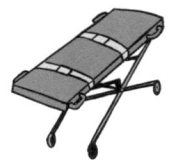

zemmer

stretcher

termometr

clinical thermometer

dogluş

birth

artykmaç agram

overweight

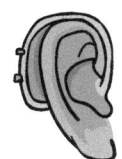

eşidiş abzaly

hearing aid

zyýansyzlandyryjy serişde

disinfectant

ýokanç

infection

wirus

virus

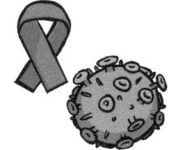

WIÇ/ AIDS

HIV / AIDS

derman

medicine

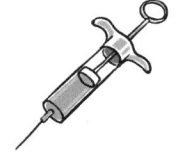

öňüni alyş sanjymy

vaccination

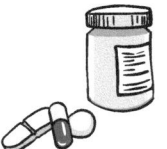

gerdejikler

tablets

göwreli bolmakdan goraýan gerdejik

pill

aýragoýulmasyz çagyryş

emergency call

gan basyşyny ölçeýji abzal

blood pressure monitor

näsag / sagdyn

ill / healthy

Kömek ediň!
Help!

howsala signaly
alarm

çozuş
assault

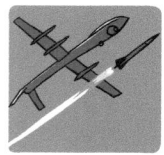

hüjüm
attack

howp
danger

ätiýaçlyk çykalgasy
emergency exit

Ýangyn!
Fire!

ot söndürijisi
fire extinguisher

betbagtçylykly ýagdaý
accident

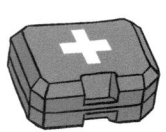

derman gutujygy
first-aid kit

SOS
SOS

milisiýa
police

Ýewropa

Europe

Demirgazyk Amerika

North America

Günorta Amerika

South America

Afrika

Africa

Aziýa

Asia

Awstraliýa

Australia

Atlantika ummany

Atlantic

Ýuwaş umman

Pacific

Hindi ummany

Indian Ocean

Antarktika ummany

Antarctic Ocean

Demirgazyk Buzly umman

Arctic Ocean

Demirgazyk polýusy

North Pole

Günorta polýusy

South Pole

Antarktida

Antarctica

zemin

Earth

gury ýer

land

deňiz

sea

ada

island

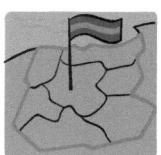

millet

nation

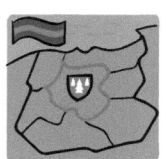

döwlet

state

siferblat

clock face

sagadyň dili

hour hand

minut görkezýän dil

minute hand

sekundy görkezýän dil

second hand

sagat näçe?

What time is it?

gün

day

wagt

time

häzir

now

elektron sagady

digital watch

minut

minute

sagat

hour

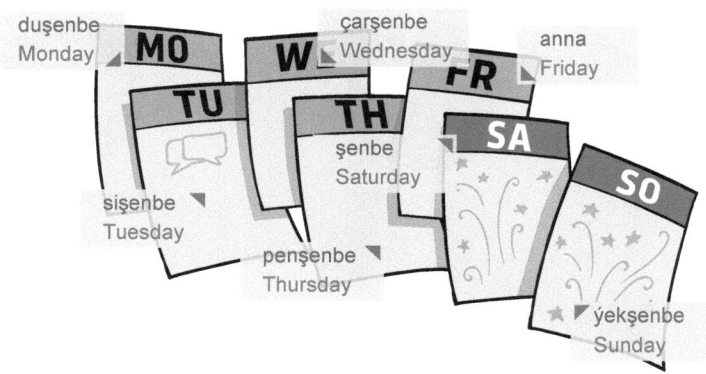

duşenbe
Monday

çarşenbe
Wednesday

anna
Friday

sişenbe
Tuesday

şenbe
Saturday

penşenbe
Thursday

ýekşenbe
Sunday

düýn

yesterday

şu gün

today

ertir

tomorrow

säher

morning

günortan

noon

agşamlyk

evening

iş günler

business days

dynç günler

weekend

ýyl

year

ýagyş
rain
älemgoşar
rainbow
şemal
wind
gar
snow
ýaz
spring
güýz
autumn
tomus
summer
gyş
winter

4.APRIL 11°
5.APRIL 4°
6.APRIL 13°
7.APRIL 8°
8.APRIL 10°

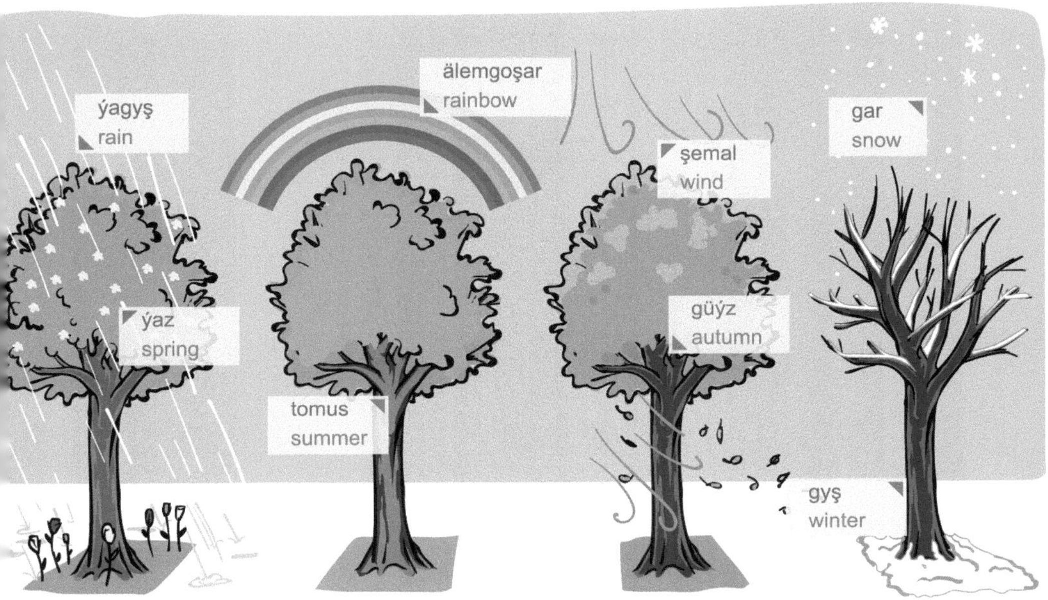

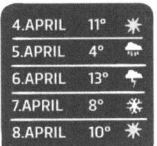

howa maglumaty

weather forecast

F
C
120
90
60
30
0
-30
40
30
20
10
0
-10
-20

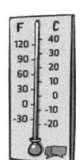

termometr

thermometer

gün ýagtylygy

sunshine

gara bulut

cloud

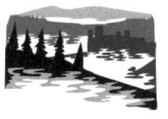

ümür

fog

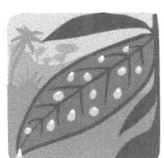

howanyň çyglylygy

humidity

ýyldyrym

lightning

gök gümmürdisi

thunder

tupan

storm

doly

hail

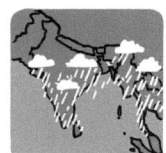

musson

monsoon

suw alma

flood

buz

ice

ýanwar

January

fewral

February

mart

March

aprel

April

maý

May

iýun

June

iýul

July

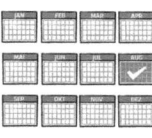

awgust

August

sentýabr

September

oktýabr

October

noýabr

November

dekabr

December

tegelek

circle

kwadrat

square

göniburçluk

rectangle

üçburçluk

triangle

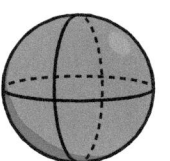

şar

sphere

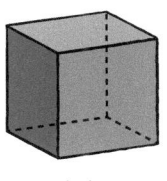

kub

cube

reňkler
colours

ak

white

sary

yellow

mämişi

orange

gülgüne

pink

gyzyl

red

liliýa reňkli

purple

gök

blue

ýaşyl

green

goňur

brown

çal

grey

gara

black

köp / az

a lot / a little

gazaply / asuda

angry / calm

owadan / betnyşan

beautiful / ugly

başy / soňy

beginning / end

uly / kiçi

big / small

açyk / garaňky

bright / dark

glan dogan / gyz dogan

brother / sister

arassa / hapa

clean / dirty

doly / doly däl

complete / incomplete

gündiz / gije

day / night

jansyz / diri

dead / alive

giň / dar

wide / narrow

iýilýän / iýilmeýän
edible / inedible

gaharly / dostlukly
evil / kind

tolgunly / tukat
excited / bored

çişik / hor
fat / thin

başda / soňunda
first / last

dost / duşman
friend / enemy

doly / boş
full / empty

berk / ýumşak
hard / soft

agyr / ýeňil
heavy / light

açlyk / teşnelik
hunger / thirst

näsag / sagdyn
ill / healthy

bikanun / kanuny
illegal / legal

akyly / akmak
intelligent / stupid

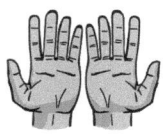

çepde / sagda
left / right

ýakyn / daş
near / far

täze / ulanylan

new / used

hiç zat / bir zat

nothing / something

garry / ýaş

old / young

ýakylan / söndürilen

on / off

açyk / ýapyk

open / closed

ýuwaş / gaty

quiet / loud

baý / garyp

rich / poor

dogry / nädogry

right / wrong

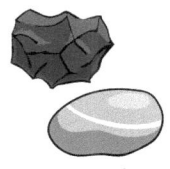

büdür-südür / tekiz

rough / smooth

gamgyly / şatlykly

sad / happy

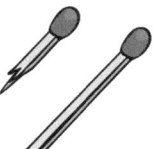

gysga / uzyn

short / long

haýal / tiz

slow / fast

öl / gury

wet / dry

ýyly / sowuk

warm / cool

uruş / parahatçylyk

war / peace

numbers

0

nul

zero

1

bir

one

2

iki

two

3

üç

three

4

dört

four

5

bäş

five

6

alty

six

7

ýedi

seven

8

sekiz

eight

9

dokuz

nine

10

on

ten

11

on bir

eleven

12
on iki

twelve

13
on üç

thirteen

14
on dört

fourteen

15
on bäş

fifteen

16
on alty

sixteen

17
on ýedi

seventeen

18
on sekiz

eighteen

19
on dokuz

nineteen

20
ýigrimi

twenty

100
ýüz

hundred

1.000
müň

thousand

1.000.000
million

million

iňlis

English

amerikan iňlis

American English

mandarin hytaý

Chinese Mandarin

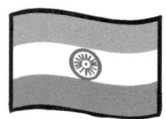

hindi

Hindi

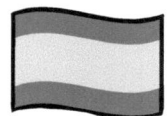

ispan

Spanish

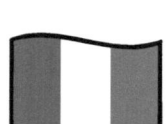

fransuz

French

arap

Arabic

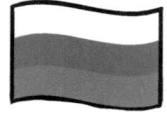

rus

Russian

portugal

Portuguese

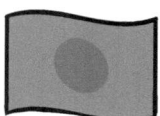

bengal

Bengali

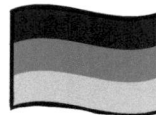

nemes

German

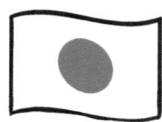

ýapon

Japanese

men
I

sen
you

ol (oglan) / ol (gyz) / ol (jansyz zat)
he / she / it

biz
we

siz
you

olar
they

kim?
who?

näme?
what?

nähili?
how?

nirede?
where?

haçan?
when?

ady
name

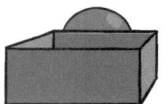

yzynda

behind

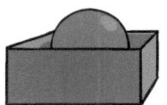

içinde

in

öñünde

in front of

bir zadyň üsti

over

üstünde

on

aşagynda

under

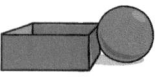

ýanynda

beside

arasynda

between

ýer

place